노란 뿔이 난 물고기

노란 뿔이 난 물고기

이원규 시집

청색종이

시인의 말

늘
혼자 떠돌며
동가식서가숙 10년
2018년 4월 28일부로
방황 끝.
남은 생을 함께 갈 소중한 도반이
내 곁에 있으니까.

지난날은 뒤돌아볼 필요도 없다.
앞으로 살아갈 날이 더 중하니까.

자
!
힘차게
라온하제
즐거운 내일을
위하여
시詩
작作
!

2021년 겨울, 경암 이원규

목차

노란 뿔이 난 물고기
이원규 시집

시인의 말   5

제1부 경제經濟시편, 다시 고향에 돌아와 사는 일

세마대 솔밭 숲길을 거닐며   13

송전탑은 말이 없고   15

괭이를 팽개치다   16

필봉산 숲에는 메아리가 산다   17

왕대포 아버지   19

일어나라, 돌부처   20

어머니의 꿈   21

가막골의 꿈   23

나무를 심다   25

수맥 찾기   26

먹줄   28

줄긋기   29

못 줍기   30

오산동 488번지   31

늘 푸른 사철나무   32

제2부 문화文化시편, 그리움의 애절한 표시

까치놀 37

나사론論 38

바다 이야기 39

수평선 40

꿈에는 날개가 있다 41

문장강화文章講話 43

문장론文章論 44

희소식 45

잠적 46

궐리사 은행잎은 떨어져도 47

가로수의 항변 49

선생님 전 상서 51

꿀벌 53

무스탕 54

꼬리뼈 55

제3부 사회社會시편, 환하게 웃는 꽃이 보인다

김밥　59

지금은 이밥 짓는 시간입니다　60

겨울 선풍기　62

거미줄에 걸린 푸시킨　63

이빨론論　65

신호등 앞에서　67

껌값　69

쉰　71

박 씨의 봄　74

용접공 최 씨가　76

슈퍼에서 모닝커피를　78

수제비를 뜨면서　81

그윽한 김장김치　83

부드럽게　84

눈을 감아도 훤히 보인다　85

제4부 정치政治시편, 두근두근 삼천리 금수강산

멸치 89

자벌레 90

수박론論 91

붉은 피 92

초읽기 94

전초전 95

윷판 96

우리 동네 국회의원 98

눈알만 굴리는 미어캣 99

나무야 나무야 101

하늘 보는 나무 102

혼자 크는 나무 103

날씨 예보 104

거머리 105

하늘 소리 106

산문 | 나의 시와 삶 우리들의 라온하제를 위하여! 109

제1부

경제經濟시편, 다시 고향에 돌아와 사는 일

세마대 솔밭 숲길을 거닐며
송전탑은 말이 없고
괭이를 팽개치다
필봉산 숲에는 메아리가 산다
왕대포 아버지
일어나라, 돌부처
어머니의 꿈
가막골의 꿈
나무를 심다
수맥 찾기
먹줄
줄긋기
못 줍기
오산동 488번지
늘 푸른 사철나무

세마대 솔밭 숲길을 거닐며

바람은
산 휘돌아
강물 출렁이게 하고
강물은
산 넘고 넘어
바다로 흐르나니
그 깊고 깊은 마음속
미처 헤아려 볼 수도 없었나니
세마대 솔밭 숲길에서
문득 만난
아, 아버지!

안간힘을 쓰는
잎새마다
세월 매달다 보니
손길 닿지 않는 곳 너무 많았다
하지만, 세상사 마음먹기 나름
돌멩이 하나에도 사연은 있다지만
너무 급히 앞질러 떠나신
내 아버지 같은 이도 있나니

돌고 돌아 백팔고개

한 구비 씩 넘고 또 오르면
새소리
물소리
바람 소리에도 꿈쩍 않고
제자릴 지키며 무럭무럭 자라는
어린 우리들의 꿈
이토록 튼실하고 듬직해진
우리들 보셔요, 아주 신통하지요?
이젠 좀 편히 쉬셔요, 아버지!

송전탑은 말이 없고

허리가 자꾸만 줄어들더니
구멍을 두 칸이나 조여도 헐렁하다.
기성복 바지춤 하나
편안하게 추스르지 못하는
가엾은 삶
얼음장 밑으로
맑고 깨끗한 냇물 소리 간간이 울린다.

송전탑이 높게 자리 잡았던
고층 아파트 뒷길로 올라가면
벌겋게 깎아내린
뒷산이 맥 놓고 주저앉아있다.

회관 아랫목에 모여앉아 시간을 죽이며
컬컬한 막걸리를 돌리던 남정네들
밤도 깊어
사타구니 축축하게 녹아내릴 때쯤
은은하게 울음 울던 전깃줄
그 거문고 소리
지금도 길게 울고 있다.

괭이를 팽개치다

지금은 들리지는 않는다.
보이지도 않는다.
고층 아파트 들어선 뒤
깎아내린 산마루 벌건 흙만 보인다.

속 쓰린 배를 움켜쥔 위산과다
잡석 골라 포도나무 묘목 심던 묵정밭
봄볕에 냇물 녹아 흐르듯
굳센 굴착기 발톱에 밀려나 버렸다.

그 험한 세상살이 마디마디마다
날마다 세월마다 촉을 틔우며
조금은 멍청하게
멍청하도록 미친 듯이
고개 한 번 들지 않으시고
황달 들도록 뙤약볕 마다치 않고
묵정밭 일구시던 내 아버지

그 자리에 들어설 고층 아파트
세상 자꾸 좋아지고 있다고 하니
말도 아닌
뜬구름 잡는 소리 그만하라며
밭두렁에 괭이를 팽개쳤다.

필봉산 숲에는 메아리가 산다

말도 아닌 말들이 이 풍진 세상을 떠도는 뜬소문 되어 퍼진다
시작은 어디에서부터이고 끝은 또한 어디쯤에서 다시 이어지려나
도무지 가리새 잡을 수가 없어 아무도 모르게 떠났던 고향 땅
낯선 데 터 잡고 버티는 말 못 할 사연 설핏 눈치챘겠지마는
마음 다잡아먹고 단숨에 올라선 금오각에서 내려다보는 옛 마을
한뎃잠 주무시는 장군묘를 지나면은 이곳 산행길도 마지막이려니
집 짓고 스스로 벽 뚫고 나오려는 누에의 용맹정진 가상하다만
아직은 그렇게까지 성급하게 서두르면서 나설 때가 아닌 듯하다
낮과 밤 갈마드는 해 질 녘부터 새벽 올 때까지는 그 누구도
삿된 욕심에 날아가 버린 꿈을 되찾으려 허투루 용쓰지 말 것

깊디깊은 숲속 소나무들 우거진 길섶에서 날지도 숨지도 못하고
풀잎 위로 내지르는 싸늘한 바람결에 잠시 고개 숙였다가 들면
빼꼼히 열린 틈으로 언뜻언뜻 보이는 하늘의 저편과 이편 사이
시나브로 쓸려가는 한가한 구름 떼 필봉산이 안타깝게 굽어보고
바람 불 때마다 샛강의 끝 황새포 으악새도 해종일 울어대는데
헤진 바짓가랑이에 달라붙었던 까끄라기들 세풀에 지쳐 떨어진다
안부를 물어오던 사람들 모두 아파트로 밀려난 강마을에 닿으면
밤새 썼으나 끝내 부치지 못한 편지 옛집 우편함에 넣고 나니
손바닥만 한 하늘 우러러 그립다는 말까지도 이제 못 하겠구나
뻥 뚫린 필봉산의 가슴팍에 살았다는 메아리들도 온데간데없으니

그래도 나무가 나무로 온전하게 남을 수 있었던 그 이유인즉슨
맑은 수액 빨아올리는 뿌리 깊은 밑동의 힘 덕분이 아니겠느냐
산과 산 나무와 나무 사이로 난 울울창창 가풀막진 필봉산 숲
서로 어깨 걸고 된비알에 굳세게 버티고 서 있는 장한 그대들
찬 바람 불고 때가 되니 끈끈히 달라붙었던 갈잎파리들 이윽고
누렇게 혹은 벌겋게 질려 뭉텅뭉텅 빠지는 것도 설핏 보인다만
응어리진 아픔의 나날에서 끝내 지우지 못한 흔적들 아직 남아
낮게 더 낮은 포복으로 채석장 너덜겅 지나 마을에 닿는 바람
은계뒷산 큰 바위 위에 올라서서 목놓아 부른 한물간 노랫가락
달빛 타고 안개처럼 녹아내려서 철철 넘치고 고여서 흥건하구나.

왕대포 아버지

세상의 뒤편으로 악착같이 돌고 돌아서
전쟁통에도 모질게 부지한 목숨이라면서
너무 오래 살아 미안타는 어머니의 넋두리
지난밤 꿈속에 네 아버지가 보이더라며
이젠 데려갈 때가 되었을 성싶다면서
입술 꽉 다문 근엄한 표정의
아버지 영정사진을 어루만지신다

아버지는 6·25 끝난 후 육군 포병으로
대포 하나만큼은 펑펑 잘 쏘았다는데
이등 중사로 제대하고 소 장사하시면서
왕대포집 뻔질나게 들락거리면서
대포알 같은 허세로 공포탄만 날리셨다
그나마 먼저 숟가락 놓고 가버리셨으니
이젠 있던 일도 없던 것으로 치부하시겠단다

별의별 장사치로 팔도시장 떠돌면서
한눈 한 번 판 적 없었으나
아직도 그 잘난 허세는 녹슬지 않았을 거라며
꿈속에서나마 네 아비 만나봐야겠다면서
꽃잠이라도 주무시려는 지세로, 천천히
포탄 껍질 같은 베개를 장롱에서 내리신다
누비수 목단화 베갯잇이 아직도 곱다.

일어나라, 돌부처

언제까지 그렇게 누워만 계실 겁니까?
이젠 그만 일어나셔서
바뀐 세상 한번 둘러보셔야지요.
탁발이라도 하시면서
한 말씀 해주셔야지요.
등허리가 근지럽지도 않으세요?
귀따갑지는 않으신가요?
이젠 제발 일어나세요.
황소숨 씨근대며 다니셔도
세상 만만하게 뒤집힐 것 같지 않은데
그렇게 누워만 계시면
답답한 이 세상, 누가
숨통 터주나요?

어머니의 꿈

가막골 가풀막진 자드락에
포도 묘목을 가꾸시는 어머니
진종일 푸새 다듬을 하시고
느지막할 무렵에야 돌아오신다
머릿수건에 묻은 팃검불이 곤두선다
"땅 도지를 깜장콩으로 서 말 가웃이나 내랴유."
푸새만 자라던 따비밭을 죽어라 일궈놨더니
전주의 심사가 단단히 도진 모양이다
어머니는 허릿말기를 잔뜩 추이고 대야에 물을 받는다
"높 얻기도 힘든 판국에 그깟 짓은 왜 혀."
아버지는 수숫빗자루 술 한 가닥을 잘라
곰방대의 댓진을 후벼내며 데퉁스럽게 쏘아붙인다
"요즘에 제출물로 되는 게 있는 감요.
다 남의 살 뜯어 먹고 사는 거죠."
어머니는 할긋거리며 한마디 뱉고는 코를 팽 푸신다
"괜한 우세나 당하지 말란 말이야.
거기다 뭔 포도여."
아버지는 눈을 부릅뜨고 아갈잡이 해 버린다
"야들 학교 갈 때면 셈평펴일 거예요."
조상밭 한 평 없는데 어쩌겠냐고 웅얼거리신다
아버지는 들은 체도 않고
작두날 밑에 암팡지게 짚을 매겨 여물을 썬다

"우리도 쪼께 고생하믄 솥 끝에 물오를 날 있당께요."
엄장에 눌린 어머니는
쇠버짐 핀 우리들 숫구멍을 쓰다듬어 주시고
옹송그리며 부엌으로 총총 내려가신다
솥뚜껑 여닫는 소리 유난히 크게 울린다.

가막골의 꿈

옛 가막골 주변이 철거된단다.
우리들 혈관처럼 살아 숨 쉬던
목마른 전설들도
이제는 더는 버틸 수 없는
이승의 비탈 위에 몸을 비틀어
운명처럼 버티고 서 있다.

산이 산일 수 없고
들이 들일 수 없는
누구의 소유도 아니던 묵정밭
하늘만큼이나 크나큰 회한은
지고지순한 눈물 되어
강물처럼 안으로 배어 흐른다.

아직도 멈추지 않는
어진혼들의 숨소리
더 찾아야 할 것도
더 내놓을 것도 없는 이 땅에서
차고 이울던 달을 움켜쥐고
한밤중에 머뭇거리던 뿌연 손자국
빛은 빛에 의해서 까무러치고
어둠은 어둠 속으로 기어들기 시작한다.

뜨겁게 타오르다가
삭은 재가 된 못다 푼 한
치솟아 오르다가 다시 내려와
그림자도 남기지 못하고
산굽이 떠돌고 있다.

식솔들을 끌어안고 어깨를 비비며
기대와 집념으로 오랜 세월 정들인 땅
돌아온다는 기약도 없이 돌아선 뒤
온전한 유언도 남기지 못한 어진혼들이
고샅마다 가로막고 아우성친다.

나무를 심다

나무를 옮기어 심네.
실뿌리 잔가지라도
다치면 안 된다기에 깐에는
살살 돌려 삽질도 하고
바람 들어 낭패 봤다는 소리도 있어
자근자근 밟아주는데,
김 씨 아저씨가 다가오더니
버팀목도 단단히 세워야 한다며, 낮은 소리로
귀띔해 주네.
다시 고향에 돌아와 사는 일이
이토록 힘에 부칠 줄이야.

수맥 찾기

집을 육십 척쯤 높게 올리다 보니
동네 말 많은 아저씨들 눈초리가 심상찮다.
작년에 땅 사더니
무슨 돈이 또 생겨 집을 짓는지
비자금이라도 굴러왔을 성싶은가 보다.
버들가지 손에 쥐고
이곳저곳 심각하게 짚어 보았다.
술 취한 배 씨가 지나가다가
"지금 뭐 하냐, 원기야?"
재차 삼차 물었는데도
'정신일도 하사불성精神一到何事不成'
버들가지 부여잡고
땅바닥만 멍하니 쳐다보았다.
"사람이, 있다고 얕보지 말어."
배 씨야 뭐라고 지껄이건 말건
마음은 땅속 깊숙이 수맥에 닿아 있었다.
"에이! 시팔, 나도 명년엔 집질 껴."
버들가지 축 늘어지고
맨발로 선 땅 밑이 훈훈한 온기가 돈다.
분명 이곳이 수맥이로구나.
백회 가루 한 줌 뿌려 표시를 해 두었다.
이상하다는 듯 강 씨 아저씨가 다가와서 물었다.

"이게 뭔 표시야?"
"수맥이요, 수맥."
"에이, 이 사람아, 이쪽은 하수구여, 수챗구멍이란 말이여."
강 씨가 혀를 차며 뒤돌아섰다.

먹줄

"왜 딴생각하고 그래?"

단단히 붙들고 있어야 했는데
그놈의 먹줄을 놓치고 말았다.
튕겨 나온 먹줄이
콘크리트 바닥에
널브러져 엉켜 있다.

그래도
먹물깨나 먹었다는 내가
건축 현장에서
되게 혼쭐나던 날
별의별 생각이 다 났다.

물로 갈아 만든 먹물
한번 찍히면
지워지지도 않는다는데
다시 한번
팽팽히 당겨
세상 쓸데없는 것들
똑 부러지게
치고 싶다.

줄긋기

막대기를
끌고
똑바로 걷다가
문득
뒤돌아보니
비틀거린 흔적
꾸불꾸불
용케도
따라왔구나!

못 줍기

공사판 바닥에는 못도 많다 못이
흩어져 제풀에 녹슬고 있다
구부러진 못이라도 다시 펴면
요긴하게 쓰일 텐데 못을
누구 하나 거들떠보지도 않는다 못을
못 줍는 이유를 도대체 모르겠다
아무리 흔해도 알천 같은 못인데
공사판에는 맹문이인 내가
허리 구부리고 못을
비닐봉지에 담는다
이따금 비닐을 뚫고
빠져나오는 못이 얄밉지만
그래도 얌전히 있는 못이
사랑스럽다
못이 공사판 바닥에 깔려 있다
한 번도 박히지 못한 못과
튕겨 나온 못들이
자꾸만 눈으로 들어와 박힌다.

오산동 488번지

남촌슈퍼 앞에는
노인들 쭈그리고 앉아 있다.
밀랍 인형처럼 붙박여
퀭한 눈알만 굴리며
어제와 똑같은 자세로 노인들
쭈그리고 있다.

가끔 동네 젊은 아낙들
수줍은 듯 묵례를 하고
슈퍼 안으로 들어가지만,
눈길 한 번 주지 않고
조는 듯 앉아다가
간단한 일용품 사 들고
잰걸음으로 되돌아가는 젊은 아낙의
푸짐한 엉덩이를 바라본다.
본다는 것은 그들에게
매우 중요한 일과다.

늘 푸른 사철나무

 정말 빠르구나. 마치 올 1년이 100년을 단번에 사는 착각도 드는구나. 컴퓨터 스위치를 켜보아라. 하늘빛 화면이 깨끗하지 않으냐. '희망, 출발, 기쁨, 성공, 사랑, 평화, 우정, 꿈, 젊음, 야망, 승리, 믿음 등' 정말 희망찬 단어들만 여백 없이 저장하여라. 그리고 '시기, 질투, 미움, 원망, 음모, 실패, 죽음, 좌절, 슬픔, 이별, 가난 등' 어두운 낱말들은 가차없이 한군데로 몰아 삭제시켜봄이 어떠하겠느냐. 느슨해진 문장에 탄력을 가하려거든 매일매일 살아가는 생활의 리듬부터 긴장감을 주어라. 단단하게 말고삐를 움켜쥐어라. 잠시라도 방심하여 늦춘다면 말[馬]이건 말[言]이건 제멋대로 가려 하는 것은 당연지사 아니겠느냐. 일시적으로 편안할지 모르되 너무 오래 편안하면 편안한 것도 불편하여 엉뚱한 사고思考를 하게 되고 그런 사고는 그래서 사고事故치기 십상이니라. 사람의 눈[目]으로 보이는 것은 눈감으면 그만이지만, 보이지 않는 사람과 사람 사이의 관계는 쉽사리 떨어지는 것이 아니구나. '신神은 모든 것은 완전하게 만들었으나 인간의 손에 의해 타락했다'는 '에밀'의 첫 마디 그 의미심장意味深長한 아포리즘Aphorism 가슴에 새겨두고 늘 반성하고 경계하라.

 큰비 오리라는 기상청의 예보가 있구나. 김동완 통보관이 매직으로 쓱쓱 그리면서 예보할 때보다야 신빙성이 떨어지나, 아리따운 미녀가 열심히 '오늘의 날씨'를 알려줌도 보기 좋구나.
 고기압인지 저기압인지 구름 사진이 한반도를 서성거리는 모습도 보이는구나. 큰물 지면 '새물터' 뜰인들 온전하겠느냐. 우묵한 데는 돌우고 막힌 데는 물꼬 트고자 삽질하는데, 낯익은 나무 한 그루 물끄러미 서서 보고 있구나.

'늘 푸른 사철나무'
 어린 시절에는 볕 잘 드는 앞마당을 차지하며 후한 대접을 받기도 했으나, 지금은 아예 구석으로 내몰려있구나. 자기를 내세워 뽐내거나 으쓱대는 성미는 아니다만, 예나 지금이나(아버지 적부터 지금까지) 우리 집을 지키는, 지켜보는 '오래된 나무' 되어 있었구나. 아무리 뜯어보아도 귀염성도 사랑스럽지도 않을뿐더러 그렇다고 귀태가 나지도 않는 그런 나무지만, 참 용하다는 생각에 다시 정이 드는구나. 고맙구나, 사철나무.

 새집을 올리고 준공검사용으로 심은 철쭉과 단풍나무는 한때 그 화려한 자태로 지나가는 사람들의 시선을 끌었다만, 꽃 지고 나니 몰골이 말이 아니구나. 비록 사시사철 푸른 갑옷 한 벌로 버틴다만 주눅들지 않고 오달지게 크는 사철나무 보아라. 근본이야 어디 흠잡을 데 있더냐. 문득 팔달산 중턱 강감찬 장군 기마 입상 그 초롱초롱한 눈매가 떠오르는구나. 꿋꿋하게 새물터 도문道門 지켜수는 오래된 사철나무가 가슴에 드는 오늘이구나.

 비록 벌 나비 꼬드기는 재주 부리지 못해도 부지런히 오르내리는 개미들과 놀란 듯 호들갑 떠는 텃새 한 쌍에게 줄 것 다 내준 그 사철나무, 말없이 돌아와 앉으신 내 아버지 모습 똑 닮았구나.

제2부

문화文化시편, 그리움의 애절한 표시

까치놀
나사론論
바다 이야기
수평선
꿈에는 날개가 있다
문장강화文章講話
문장론文章論
희소식
잠적
궐리사 은행잎은 떨어져도
가로수의 항변
선생님 전 상서
꿀벌
무스탕
꼬리뼈

까치놀

벌건 대낮부터
그렇게
퍼마시더니
내 그럴 줄 알았다.

나사론論

한번 들어가 되돌아 나오는 일 없기

중심을 잡지 못하여 비척거리지 말기

갑갑하고 속 터져도 꼿꼿하게 세우기

죄일수록 버거워도 끝까지 들어가기

난 체하며 뛰쳐나가 녹스는 일 없기

내 구멍도 아닌 것에 한눈팔지 말기

한번 박혔으면 오래도록 참고 버티기

인연이 맞춰지면 팔자려니 살아가기

바다 이야기

하늘 고샅으로 숨었던 구름 떼처럼 몰려오네
새벽안개는 빛이 나오니 금세 녹아 사라졌네
습성처럼 새벽은 찬 공기 데리고 찾아오지만
우리는 쓰라린 아랫배 부여잡고 버티고 있지
가끔은 앙칼지게 꼭두새벽부터 목청을 틔우고
목에 핏대 세워 와락 달려들던 파도의 함성

뜬눈으로 밤샘한 바다가 가까이 다가선 새벽
살아있다는 표시로 무슨 소리인가 자꾸 내는
죽여도 죽지 않고 끝끝내 살아남는 파도처럼
앞서간 이들의 발자국 차근차근 밟고 가야지
밀려왔다 되돌아가며 하얀 물거품으로 깨져도
히죽히죽 웃던 힘센 파도처럼 또 일어서야지.

매미처럼 툭 불거진 사람들의 눈망울 좀 봐
수억 전파의 파장으로 번개보다 빠르고 세게
우리네 사는 이곳저곳 샅샅이 울리며 살잖아
웃음을 웃음으로 여기지 않는 힘든 세상살이
사람도 아닌 사람들이 사람 위에 올라섰다가
거꾸로 곤두박질하더니 낭떠러지에서 사라졌네

수평선

뭍에서 바다를 봤다고 다 본 듯이 말하지 말 것
바다에서 바다를 봐도 바다는 다 볼 수가 없고
바다는 쉽게 보이는 게 아니다
바다를 향하여 함부로 손 흔드는 것이 아니다
너무 크게 웃거나, 우는 일이 있어서도 안 된다
눈을 크게 뜨고 보는 것도 아니다
하늘도 바다에 가슴을 씻고 싶어 하고
바람도 바다에선 편히 눕고 싶어 한다
해와 달과 별 그리고 구름과 꿈들은
바닷속에 빠졌다가도 끝끝내 또다시 되살아나니
누구라도 함부로 바다를 지배하려 해선 안 된다
바다는 지배당하는 것이 아니다.

바다에서는 뭍의 이야기를 큰소리로 하지 말 것
바다에서는 바다의 이야기만 들어도 끝이 없고
세상일에 연연하지 말아야 한다
바다에서 살아보겠다고 살아남으려 몸부림치며
밀려왔다 되돌아가던 파도에 맞서다 멍들었지만
모질게 버티며 하루해를 넘기었구나
그리운 섬으로 날아갔다가 다시 왔구나
후련하게 미련일랑 훌훌 털어버리자
아프게 살면 살수록 뜨고 지는 해는 붉다
먼먼 수평선은 떠나간 그리움의 애절한 표시
한 번쯤 가야 할 우리의 목표이다.

꿈에는 날개가 있다

1983년, 안양 근로문학 시절
선생님께선 꿈에는 날개가 있다 하셨기에
보너스 타 대동문고에서 산
단테의 신곡과 맛깔스러운 시집, 나비제
늘 겨드랑이에 끼고 있는 폼 다 잡았다

꿈에는 두려움이 없고
나비의 날개가/내 겨드랑이에 생겨났다*

비록 날품팔이하는 노동자 처지였지만
안양 제일 김대규 시인의 지도를 받은 후
상공회의소 건물 뒷골목에서
글로 문학 하겠다며 저녁마다
우리의 아지트
선미식당을 아예 전세 내다시피 했다

당시 쌍벽이던 수리시는 술이 시가 된다고!?
안양역 지하상가에 진지를 구축
독서당 수리 책방 구석에서 술, 술만 펐다

여차여차해서 화요문학까지 합세하면
안양시는 졸지에

문학의 르네상스 거점 도시

진짜다 참말이다
그 무렵 겁 없는 시인으로 행세하며
무자비하게 깨 털 듯 혈기왕성하게
시를 쏟아냈다

이러다가 정말 노벨상을 타면 어쩌지?
괜한 걱정도 참 많았던 시절이었다
단테의 신곡과 후백 작 나비제는 그때부터
내 겨드랑에서 쌍날개가 되었던
믿거나 말거나 한 내 청춘 시절의 이야기

* 후백 황금찬 시인님의 12번째 시집 『나비제』(1983년, 청록출판사) 중에서 따옴.

문장강화 文章講話 *

허기진 감탄사만 솟구치는
아찔한 절벽 앞이다.
힘살 튼튼했던 문법도 빈혈로 까무러친다.
아, 맑은 피 갈아 시를 쓰던
풋풋한 그 살내가 못내 그립구나.

문장이 갈수록 찌들고 무디어진다.
기세 좋던 말발도 올가미에 매어져 있다.
아, 좀처럼 열리지 않는 붓두껍
침 발라 굳혀놓았던 붓끝의 무력함이여!

목쉰 바람이 들볶는다.
느닷없이 천둥 번개도 내리친다.
쑥대머리 어지러운 눈먼 말[言語]들이 질주한다.
팽팽한 관자놀이 핏줄들이 드디어 터진다.

무딘 손톱 날카롭게 날을 세워서라도
벌겋게 달아오른 뒷말
음흉한 모반의 쓸데없는 기교
체통 없는 낱말들은 가차 없이 도려내야 한다.
한 획 한 획 베어낼
예리한 은장도가 징말 그립다.

* 문장강화文章講話 : 1948년 이태준이 문장 등에 관해 서술한 문학이론서.

문장론文章論

쌀통에 쌀 그득하여 좋겠네
밥통에도 그러하면 더욱더 좋으리

쌀 씻네
하얀 때 벗기네
쌀도 아닌 것들이 먼저
난 체하며 떠오르네
바위도 산도 못 되면서
꽁하니 무게 잡은 잔돌

흘릴 것은 죄다 흘려보내고
가릴 것은 여지없이 조리질하여
밥통에 넣네
찬물 붓고 다독이네, 어여쁜 쌀

뚜껑 닫으면 눈앞이 캄캄하네
절절 속 끓네
가슴 뜨겁게 달아오르네

눈물 흘리네, 밥통이
김빠지네, 뒤숭숭한 생각들
진득이 한 시절 뜸 들이면
윤기 흐르는 맛깔스러운 밥

희소식

말 못 할 사정 있다고요?
내친김에 속 시원하게 털어놓고 이야기해봐요
사람마다 속내평 똑같다면 무슨 탈 나겠어요
가슴부터 먼저 울어야 눈물도 나오더라고요
별의별 찡한 기법 황홀하지요
마음 비우고 걱정도 벗으세요
숨겨진 제 것 제대로 세워보자는 것이지요
제아무리 올곧고 튼실하다 우쭐대도
부실한 뼈대로 참세상 어찌 뚫겠어요
화려한 그림씨, 달콤한 꾸밈씨, 토씨, 움직씨
그저 눈요깃거리라고 생각하면 큰 오산이지요
오래도록 우려낸 참삶의 진국
참맛은 바로 그것 아니겠어요
외곬으로 세웠던 단단한 줏대
오래오래 함께할 나 홀로 금수강산
은유와 상징만으로도
당신의 밤은 찬란히 빛날 거예요.

잠적

그러나 너무 캄캄하다
나흘째 납덩어리 같은 비는 사정없이 쏟아진다
까칠한 민둥산이 점점 물에 잠긴다
생살점이 둥둥 떠다닌다 비린내가 난다
몸살이다 멀미가 난다
황당한 의식의 물살이 점점 거세진다
난도질당한 고등어 토막들이
아픈 상처 비비대며 제각기 떠밀려 간다

빈집이다 오랜 빈집이 된다
살 썩은 냄새가 난다 마른 북어 냄새가 난다
도톨도톨한 소름이 돋는다
낡은 실타래가 풀린다
거미줄이 쳐진다 성긴 그물이 된다
오금뼈 부러진 거대한 공룡
비늘 달린 새
노란 뿔이 난 물고기가 걸린다
어둡다 아직도 낯설다
빈집에 갇혀있는 나는
무사하다, 정말 안녕하다.

궐리사 은행잎은 떨어져도

굳은살 단단히 배긴 발바닥으로
있는 힘 다해 하늘 우러러
당당하게 버티고 있는
궐리사 뜰 안 은행나무 가지 사이로
불끈불끈 태양은 솟아오른다

출발선은 따로 그어져 있지 아니하다
모든 것은 순간에 이루어질 수도
사라져 버릴 수도 있는 것이다
길 건너 전철역 가파른 계단에 위로
사람이 사람 위에 올라섰다가
거꾸로 곤두박질하는 것도 보인다

추기 석전대제釋奠大祭
알림 북소리 두둥둥 울릴 때
빛은 빛에 의해서 까무러치고
어둠은 어둠 속으로 기어든다
세상이 뒤바뀌어도
내 피는 우심방에서 우심실로
좌심방에서 좌심실에서
9만6천 킬로미터의 혈관을 타고
지극히 정상적으로 흐른다

태워도 태워지지 않는 그림자
죽여도 죽지 않는 모진 목숨
겉도는 한 시대를 부여잡은
까칠한 손바닥 같은 은행잎들 다 지면
새바람의 틈새에서 어둠을 훔쳐내고
비굴하게 살아남으려던 양심

그 한복판을 찔러오는 날카로운 침
은행나무 가지에서 울어대던 새 떼들
경기 옛길 삼남 7길 따라
오늘도 독산성 너머로 또 날아올랐지만
발자국 한 점도 남기지 않고 깨끗하다

가로수의 항변

뙤약볕도 두려워 않고
이 몸 황달이 들도록
여름 내내
시원하게 해 드렸지 않아요

그뿐인가요
찌든 도시의 한복판에 서서
죽을 고비 천만번도 더 넘겼고요
한창 좋은 시절에도
한눈 한번 팔았던 적 있던가요

그런데도
이렇게 생살을 싹둑,
매정하게 쳐내시다니
달랑 몸뚱이 하나로
버틴 것도 억울한데
밑동마저 친친 결박 지어 놓고
정말 어쩌자는 거예요

조금은 멍청하게
멍청하도록 미친 듯이
푸른 깃발 흔들며

시절 좋은 이 세상에서
눈부시게 살아가도록
제발 날 좀 가만두세요.

선생님 전 상서

문득, 편지라도 쓰고 싶은 날이네요.
언제 다시 만날까 기다리는 중이지요.
오시지 않겠다는 말씀은
한 번도 없었으니까요.
달빛마저 쌀뜨물처럼 뿌예진
낯선 해변 함께 거닐며
시인의 삶은
그리움이 글 그림처럼 현현하는 거라고
짧게 설명하셔도
무슨 뜻인지 도대체
알아먹질 못했어요.

자꾸 감추려 하면 할수록 속이
이렇게 빤히 보이는 허술한 행간마다
쓸데없이 흘린 눈물까지 말라붙어
싸락눈 되어 떨어지는 게
마치 퇴고하며 지워버렸던 단어들 같네요.

갑자기, 떼 지어 나타난 갈매기들
끼룩대며 아는 체하던 저녁나절
훌쩍 떠나려 해도 혼자가 된 지금은
어디로 가야 할지 떠오르지 않네요.

이젠 꿈에서조차 나타나지 않으시더니
오늘 갑자기 생각나는 걸까요.
선생님을 다시 뵈면 꼭 하고 싶은
긴한 말도 딱히 없지만
인디언처럼 아침에 나눈다는
지난밤 꿈 이야기라도 하고 싶은 날이에요.

꿀벌

꿀집 할아범 아주 세상 뜨던 날
맏상제보다 더 목놓아
지이징 징징
꿀벌들은 울더란다

양지바른 뒤란
나리꽃 듬성듬성 서 있는 꿀집
무시로 드나들던 구멍을 기어 나와
꿀물 쏟으며 울더란다

할아범 꽃상여에 누워
산으로 아주 들던 날
이마에 흰 테 두른 꿀벌들이
한발 앞서가더란다
길도 아닌 산길로 오르며
떴다 졌다
길을 내며 날더란다.

무스탕

야생의 짐승 털이 저리 곱게 부드러워질 수 있다니!
내 껍질 벗겨 얼마만큼 손질하면
저토록 고운 빛이 날까?

꼬리뼈

나는 꼬리가 있다, 라고 쓴 다음
감자 껍질처럼 아린 꼬리뼈의 흔적, 이라고 덧붙이고
괄호를 닫는 순간
꼬리뼈 밑동으로 맑게
흘러내리는 핏줄기 보았네.

물론 사람도 짐승이라는 데는 틀림없지만
짐승, 에 힘을 주니
갑자기 컹컹 짖고 싶어지네
애초에 꼬리가 있었다는 생각
그것이 문제가 될 줄이야!

한때는 지구가 둥글다는 것에 대해서나
사람이 거꾸로 설 수 있다는 것을
누구도 믿지 않았지.
꼬리를 감추고 살아도
별 탈 없고
나야 바르게 사는데
별별 짓이라며 핀잔먹기에 십상이지.

그러나 꼬리는
분명히 있어야 해.

가령, 꼬리가 있다면
더 높은 곳을 향하여 날아갈 수 있고
더 깊은 곳으로
입 다물고 헤엄쳐 갈 수도 있잖아.

이제는 퇴화한 나의 꼬리뼈
그 밑동으로
자꾸 비집고 나오려는 아픈 기억
오디처럼 검붉게 익어
비틀거릴 때마다 핏물 보이네.

제3부

사회社會시편, 환하게 웃는 꽃이 보인다

김밥
지금은 이밥 짓는 시간입니다
겨울 선풍기
거미줄에 걸린 푸시킨
이빨론論
신호등 앞에서
껌값
쉰
박 씨의 봄
용접공 최 씨가
슈퍼에서 모닝커피를
수제비를 뜨면서
그윽한 김장김치
부드럽게
눈을 감아도 훤히 보인다

김밥

"오, 이런!"

내가 꼼짝없이 갇히고 말았구나.

캄캄한 이곳에서도
고통스러운 비명 지르지 않고
끈끈하게 어깨 비비대며
오밀조밀 붙어
반짝이는 밥알들

"조금만 더 참고 기다리자."

신신당부하시던 아버지
그 인고의 세월

단단하게 뭉친
김밥을 먹으면
괜히 앞머리가 근질거린다.
앉으면 귓속이 왱왱거리고
일어서면 현기증이 난다.

지금은 이밥 짓는 시간입니다

단단했을 바윗덩어리 애써 잘게 부숴놓은 철길 너머
궐리사 큰 은행나무 이파리 하나 없이 맥없이 떠는데
샛강 물살에 휩쓸린 민틋한 물후미의 은빛 모래밭에서
왜가리 한 마리 물속으로 성큼성큼 걸어 들어가서는
자맥질하며 헤집더니 눈 깜빡할 새 주둥이에 먹이 채서
풋풋한 죽지 후드득 털면서 휑하니 날아가는 저녁나절

고인돌에 새긴 별자리들 반딧불이 되어 떠도는 논두렁
지도에서마저 지워졌던 등고선들 등뼈 들어 올릴 때
떠밀리는 고만고만한 몽돌들 물러서지 않으려 대치 중
무너진 밭고랑들 안간힘 써 어깨 걸며 중얼중얼하고
조브장한 등 굽힌 어머니가 두 손 모아 비는 장독대
도대체 무슨 말인지 한마디도 알아먹을 수는 없었나니

여기가 어딘지 몰라 갈팡질팡할 때도 기차는 어김없이
부산으로 목포로 여수를 향해 뒤축을 끌며 달려가는데
샛강 물비늘은 빨아 널은 홑청처럼 가볍게 반짝거리고
왕벚나무들 서로의 어깨 다독거리며 먼산바라기할 때
단단했던 마름들 뿌리까지 푹 삭아 부들부들 떠는구나
하늘 밑 산발치에서 부는 바람에도 무릎 관절 쑤시네

후줄근하게 풀죽은 사람과 사람들 사이 그 경계마다

한바탕 큰비 쏟아지려는지 하늘은 산등 위로 내려앉고
더욱더 짙어지는 물오른 필봉산 산모롱이에 걸린 구름
이윽고 거리의 가로등 불빛 깜빡거리며 간신히 켜지고
집집이 밥솥에 저녁 안치며 쌀 씻어 물 내리는 소리
어느새 뜸 드는 밥물이 샛강의 윤슬처럼 울렁거리네.

겨울 선풍기

서재의 묵은 먼지를 털어내다가
박제된 나비의 표본 상자를 내려뜨렸다
세월의 뒤뜰을 넘돌던 나비
한 서린 강산풍월이 흩어진다

구석에 놓인
선풍기의 플러그를 가슴에 댄다
칼날 같은 혹한기의 바람
바람이 바람에 의해서 쓰러진다
강풍의 버튼을 누른다
바람이 바람에 의해서 일어선다
하얀 나비 떼가 일제히 퍼덕거리며 되살아난다

산다는 것은
흔들리는 징검다리 위를 지나가며
물속에 비친 구름의 무게를
가늠하여 보는 것
엄청난 소외의 고도에서 용케 탈출한
인간 '파피용' 씨가
낡은 책갈피를 들치고 비척거리며 걸어 나온다
숨이 차고, 열이 오르고
턱, 턱 숨이 차오르기 시작한다
고뿔 걸린 사람처럼 자꾸 기침이 나온다.

거미줄에 걸린 푸시킨

희한하게도 거미는 줄에 걸리지 않는다
헛발 디뎌도 대롱대롱 매달린다
열린 문으로 겁도 없이 들어온 잠자리
투명한 거울에 머리를 박아대고 있다

대롱대롱 매달려 흔들거리는 거미줄
시커먼 거미 한 마리
비스듬하게 걸린 액자 뒤로 숨었다
삶이 그대를 속일지라도 결코,

슬퍼하거나 노여워하지 말라*
얽히고설켰어도 나름대로 질서를 세웠다
거미줄 한복판에 가부좌 튼 거미
잠자리 한 마리 야무지게 염해놓았다

발버둥 칠수록 더욱 끈적끈적해질 뿐
거미줄에 둘둘 말린 잠자리
졸지에 열반에 든 부처님처럼
이제는 꼼짝없이 면벽한 자세이다

면도칼을 혁대에 문지르던 아저씨
세운 날을 살펴보는 찰나의 순간

염색약 상자 모서리 끝에 걸렸던
거미줄 한 가닥이 후려쳐졌다

깜짝 놀란 거미가 쏜살같이 줄을 타고 올라가
찢긴 행간을 다시 잇기 위해
기회를 엿보며 잠복 중이다, 모든
지나가 버린 삶은 이처럼 그리움이 되나니.

* 삶이 그대를 속일지라도 - 푸시킨 시에서 인용

이빨론論

뼈는 살로 덮여야 하는데
겉으로 튀어나온 너는 말썽도 많구나
입심 있어야 사는 사람살이
뼈는 뼈끼리 살은 살끼리
만나고 헤어지고 다시 그리워하나니

먼먼 그 옛날
고향 닐리리 기와집처럼
옹기종기 모여서 살아가는 그 속에도
이빨을 갉아 먹는 모진 벌레 있었나니
잘못 걸려들면
한두 깨쯤 예사로 빠져나가고
모르는 새 밑동을 흔들어 놓기도 한다네.

삐죽이 잘못 나왔거나
얌전히 박혀있다 하여도
친구여, 조신하시게
온갖 세상인심이 그곳으로부터 생겨나나니

때기 되면
흰 눈은 내려서 쌓일 것일세
삼십여 채 남짓한 굴뚝마다

저녁 짓는 연기 오르고
얼음장 밑으로
시냇물 조심조심 풀릴 때
두런두런 정담 나누던
문간방 우편함에 반가운
엽서 한 장 당도해 있을 걸세.

신호등 앞에서

가는 사람 오는 사람 서로 마주 보고 서 있네
저편에서 이편으로 또는 이쪽에서 저쪽으로
어제도 왔던 그 자리에서 일단 멈추었다만
어제의 그 사람이 아닌 모두 낯선 얼굴들뿐
음흉한 모반을 꾸미다가 들킨 사람처럼
황급히 고개 숙이고 오늘도 걷는다마는
밑창이 닳고 닳아 실밥까지 터진 구두코
안쓰러워 지그시 누르니 언뜻 구름 밀려가고
밟고 온 만큼 꾸역꾸역 집어삼켰던 빗물이
희디흰 거품 게워내는 비 갠 한낮

뚜 뚜 뚜, 어서 움직이라는 목쉰 신호음이
먼 데서 달려온 뱃고동처럼 길게 울려 퍼지네
거센 파도에 시달렸던 목선에 묶인 밧줄 풀어 당기면
한 무리의 바닷새들 슬금슬금 낮게 비행하고
우르르 낯선 사람들이 다시 모여들기 시작하네
저편과 이편, 이쪽과 저쪽의 사람들이 팽팽하게
건널목 한가운데에서 맞섰던 일촉즉발의 그 순간
딱히 할 말도 없으니 의뭉을 떨고 있던 잠시 잠깐
이내 본체만체하며 잰걸음 동동대며 제 갈 길로 가듯
신호등 앞에서 활짝 열릴 큰 바다를 기다리네

딱 3초 남았는데 건너가려니 괜히 멋쩍어
예배당 십자가 위 하늘을 멀거니 몰려보다가
건너편 운동장에서 조잘대며 쌍방울 울려대는
아이들 함성을 들으며 어린 시절로 돌아가네
감긴 듯 뜬 듯 껌뻑거리던 낡은 신호등 밑에서
우두커니 서서 빙그레 속웃음 치다가 애써
건널목 흰 띠의 개수를 찬찬히 꼽아보는데
바람막이로 괴어 놓은 각목이 바닥으로 쓰러지며
포장마차 비닐 커튼이 와락 열렸다 닫히는 찰나
드디어 갈맷빛으로 바뀌어 깜빡이는 신호등 불빛

껌값

속도 모르는 사람들이야
요즘 같은 판국에
쌀가루라도 주무르고 있으니
얼마나 좋겠냐고 하지만요
프로판가스 파란 불꽃
뜨겁기는 마찬가지고요
그렇다고 한겨울이라고 좋을 것도 없데요
움츠리고 지나가는 사람들이야
뜨끈하고 고소해서 좋겠다고
부러워하지만요
등골 타고 흐르는 외풍
참을 인忍 자 열이라도
정말 힘들어요

한때는 이 도시 번화가에서
전자제품대리점 번드레하게 차려놓고
고분고분 말 잘 듣는 미스 김 선물까지 주면서
배달 기사 황 씨 월급 한번 안 밀렸죠
기분 좋은 날엔 삼겹살 질리도록 뒤집으며
잘 먹고 살던 때도 있었다고요

물방울무늬 넥타이 빵빵하게 매고요

금빛 마크 번쩍이는 대표이사 명함도
거들먹거리며 기만 장 뿌렸다고요
요즘 꼴이 요렇다고
사람 달리 보지 말아요
지금이야 힘들여 벌어야 일당
십만 원 챙기지만
예전에 이 정도는 애들 껌값이었다고요.

쉰

설깬 잠을 억지로 털어내며
뻐근한 뒷덜미에 푸석한 수건 두르고
좌변기에 앉아 양치질한다
오! 시원스러운 쾌변이여!

어제는 한 일도 없이
일당만 챙겼다 싶었는데
질기디질긴 작업반장 등쌀에
늦도록 술 잔업을 했다
외상이라면 황소까지 잡는다는데
굶어 죽는 사람 없는 이 태평성대
할 말 못 할 말 질겅질겅 씹어댔다

역마살로 떠도는 반장은
말끝마다 마누라와 아들 걱정뿐이지만
사는 것이 보잘것없는
공사판 떠돌이일망정
몇 순배 술이 돌아 얼큰해지면
너나없이 변신하는 애국적 투사의 기질

제 잘났다 설치는 뻔뻔스러운 인물들이
산 채로 불판 위에 올려진다

술은 술끼리 넘쳐흐르고
말은 말대로 흐느적거린다
칙칙한 단골집 평상에는
뜬세상의 희망과 좌절이 지글지글 타고 있다

참이슬 한두 병씩 거뜬하게 비운 일행은
흘러간 옛 노래 흥얼거리며
사창가 붉은 커튼 속을 흘금흘금 훔쳐보기도 하면서
전철 공사 현장사무소 벽에 대고
기세 좋게 오줌발을 갈겨댔다
날벌레 몇 마리 익사체로 둥둥 떠오른다
제대로 씨내리 한번 못한 가엾은 사타구니
나이 쉰에
잔소리해대는 계집이라도 들여앉히면
맛깔스러운 살맛 찾을 수 있을까?
세월 비비며 사는 맛 제대로 날까?
나이 때문인지 세상 탓인지 마음뿐
도대체 행동이 뒤따르지 않는다

부푼 치약 거품이 목구멍을 울컥 막는다
헛구역질로 올라오는 쌉쌀한 뒷맛
엉거주춤 허리띠를 잠그고

좌변기 손잡이를 꾹 누른다
어젯밤 퍼부었던 헛된 푸념들이
반란하듯 뒤집혀 솟구쳤다가는
잽싸게 빨려 내려간다
얄팍한 플라스틱 뚜껑이
저절로 탁 닫힌다.

박 씨의 봄

나는 수시로 손톱을 깎고 다듬는다
야윈 손가락 끝에는 다행스럽게도
열 개의 손톱이 온전하게 박혀 있다
프레스 밟던 박 씨는 안타깝게도
그중 두 개를 잃었다
보상금 몇 푼 챙겼으나 영락없이
병신 소리를 듣고 산다
배꼽살 이식 수술한 박 씨는
덧난 상처 들먹이며
엉성하게 자라나는 털을 깎아 낸다

허물어진 돌담의 잡석을 골라내고
덩굴장미 질긴 가지를 친다
"덤빌 테면 덤벼봐라!"
바짝 긴장한 가시가 섬뜩하게 빛난다
놀란 텃새 한 쌍이 후루룩 깃을 털며
덩굴 걷힌 틈으로 사라지는
토요일 오후 세 시 반
박 씨는 그린소주 반병을 들고 벌겋게 나온다

동여맨 허리춤을 풀고 마주 앉으면
위산과다로 쓰라린 뱃속

냇물 풀리듯
봄볕에 녹아 흐른다

악착같이 버티며 살아왔는데,
손가락 달아나듯 가출한 마누라와
홧김에 양녀 보낸
딸년을 질겅질겅 씹으며 박 씨는
그린소주를 불쑥 내게 권한다.

용접공 최 씨가

오늘은 쉬는 날이다 그는
그린소주 두 병을 평상
노인들에게 대접한다
정 붙이며 살아온 지 어느새 칠팔 년
객지 생활 이골났지만
아직도 외톨이 신세 아닌가
고맙다는 말 한마디 듣지 못해도
슬그머니 술 한 잔씩 권하는 그는
파란 산소 불꽃을 닮았다 그의
몸에서는 쇠 냄새가 난다
못박인 손을 움직일 때마다
불똥에 데인 상처들이
꿈틀거리며 일어선다
살아온 이야기를 말로 하자면
한도 끝도 없지만 그는
아버지 같은 노인들의 이야기를
언제나 듣는 편이다
결딴나고 구부러진 철판도 그의
손길이 닿으면 감쪽같이
붙고 펴진다.
노인들의 마음을 잘 다스리는 그는
숙련된 용접공이다

벌써 김 씨와 조 씨가 으르렁대고 있다
객쩍은 대통령 이야기만 나오면
다시 안 볼 원수처럼 붙어 버린다
따지고 보면 그들은
다시는 돌아가지도 못할
고향 땅을 앞세우며
향토애를 발휘하다가 냉정하게 갈라선다
차가운 철판 달구듯이 용접공 최 씨가
재차 술병을 들고 합석한다
누구도 어쩌지 못할 지역 할거
488번지에서만큼은 추방하자며 그가
평상에 무릎 꿇고
머리까지 조아리며
산소 불꽃 같은 소주를
덥석덥석 권한다
노인들 흥흥대며 못 이기는 척
술잔을 받고서는
등을 돌리고 억지 술을 넘기고는
새우깡을 집어 든다.

슈퍼에서 모닝커피를

커피도 중독인가 보다며
아이들까지 학교로, 어린이집으로
다 흘려보내고 나면
개수대 고무 뚜껑 빈틈없이 틀어막고
허겁지겁 비운 빈 그릇
얼기설기 담가놓고선
습관처럼 쪼르르
슈퍼 안으로 모인다

간밤에 무슨 새 소식이 생겼으랴만
그때그때 발휘되는
날렵한 재치로
열 번을 더 들어도 재미있는
해서 손해 볼 것 없는 신나는 이야기

주변머리까지 없어
허구한 날 술에 절어
콧등이 닳고
이마까지 훌렁 벗어진 황 씨가
새벽일을 나가더라며
뚱땡이 엄마가
신기한 듯 말문을 열었다

동전 두 닢으로 뽑아낸
섭씨 구십 도의 커피를
살짝 보듬고
눈꺼풀 지그시 내리깔기도 하면서
우아하게 폼 재고
어머 어머 호들갑도 떨면서
카운터에 둘러앉아
수다 떨며 홀짝거리는 모닝커피

자랑 끝에 불붙는다고
황 씨가 날품 한번 갔다고 해서
코에 걸 일 아니지만
산전수전 다 겪은 새댁도 사람인데
오죽하면 나갔겠냐며
역성까지 들어준다

슈퍼 아줌마는
요즘 보기 드문 신토불이라며
윤니는 볏짚으로 엮은
달걀 서너 꾸러미 선반에서 내린다
재취로 시집온 새댁의

시퍼렇게 멍든 눈을 한두 번 봤냐며
깨끗하게 잘빠진 달걀 몇 알
따로 골라낸다

아줌마들
종이컵을 꽉꽉 눌러 움켜쥐고
슬그머니 눈두덩을 만지면서
설거지나 해야겠다며 허겁지겁
슈퍼를 빠져나간다.

수제비를 뜨면서

대뜰 앞에 화덕 걸고
아름드리 양은 솥을 올린다

모처럼 한자리에 모인 식구들을 위해
국정교과서 펼쳐서 연신 바람을 일으키며
어머니는 수제비를 뜨신다

비린내 나는 징그럽게 큰 멸치의 배를 따고
까만 똥에 묻어있는 살점을
오물오물 씹으시며
두 손을 싹싹
공들이듯 비비면
거센 파도에 몇 차례 뒤집히고
담백하게 우러나는 국물

하늘 높은 줄 모르고 올라앉은 애호박도
아낌없이 따서 채를 치고
송골송골 맺히는 귀한 땀방울도
모르는 새 넣어가며
용안 끓듯 소용돌이치는
양은 솥 안으로
주걱에 얇게 이긴 밀가루 반죽

조선 칼로 쓱쓱 밀어낸다
깊숙이 가라앉았다가 다시 떠오르면
깔끔하게 익은 수제비

한여름 날
어머니 등골에 괴인 소금기만으로
간을 맞춘
물김치 한 사발이면
온 가족이 땀을 뻘뻘 흘리며
속풀이 하던 수제비가 먹고 싶다
어머니 그 손맛이 정말 그립다.

그윽한 김장김치

　수원농생고 어귀에서 용숫바람을 맞았다 밀려다니다가 한구석에 까무러친 낙엽들 발라당 엎어졌다 열 길 넘는 플라타너스 꼭대기에 집을 짓고 단출하게 살아가는 까치 한 쌍은 매일 이른 새벽부터 광교신도시 대단위 아파트단지까지 날아가 출근하는 길목에서 팝콘 몇 조각으로 볼가심하고 버스 정류장 부근 아까시나무 위에서 만난 다른 까치들과 요즘 돌아가는 세상 이야기를 나누기도 한다
　가방을 메고 삼삼오오 짝을 지어 등교하는 건강한 학생들의 표정에서 이 세상의 태평성대를 읽는다 그들을 위해 오늘도 엔담 안을 한바탕 돌아주고 팔탄면 기천리 도린곁으로 날아간다
　전원주택을 손수 짓고 사는 화가 김승일 씨는 요즘 집 지으러 다닌단다 까치집같이 얼기설기 꿰맞춘 그 집과 똑같은 집을 원하는 사람들의 성화에 아예 붓을 꺾고 건축업자로 나섰단다 워낙 눈썰미가 남다른 그라서 잘 풀린 듯싶다
　뒤란 우물가에서 김 화백 부인 현 여사가 두 볼이 발갛게 달아 김장을 하고 있다 잘 절인 알
　배기 배추가 먹음직하다 현 여사의 김치는 맛깔스럽다 붓글씨 쓰던 그 손으로 담근 김치라서 그런지 묵향이 그윽하게 배어 있다.

부드럽게

빌딩 유리창에
터질 듯이 부풀어 오른 가을 하늘
부드럽게, 부드럽게
주먹을 옹그려 본다
한 움큼 가득 쥐어지는*
글→그림→그리움

---

* 김대규 시인의 '산, 그리움-흙의 사상思想'에서 '그리움→그림→글'을 역으로 재배치한 것임.

눈을 감아도 훤히 보인다

속 시원한 세상은 아직도 오지 않았다고
낮게 엎드린 풀잎들마저 수군대지만
무더기로 피었다가 지는 꽃들은
이미 알고 있었나니,
꾹 움켜쥐었던 손바닥을 펴고
하늘 우러러
오래도록 한곳을 보면 보인다.

철새처럼 훨훨 하늘을 날던 나의 꿈
모서리마다 닳고 닳은 날갯죽지 펼쳐
백두산 너머 만주벌판 지나 더 멀리
시베리아 아니 더는 갈 곳이 없을 때까지
66권, 1,189장, 31,039절의 성경 말씀 믿듯
비록 사람과 사람 사이에서는 뒤처지긴 했지만
일사불란한 대오를 유지하며 철새처럼 간다.
쉼 없이 꿈을 찾아 끝까지 날아보리라.

눈을 꼭 감아야 훤히 보인다.
볼펜을 간짓대처럼 치켜들고 글을 쓰면
걸어가야 할 길들이 하나씩 펼쳐지고
깊게 뿌리 내려 모질게 피는 꽃, 꽃들
지금 곁에 없이도 문득 보인다.
눈을 꼭 감으면
환하게 웃는 꽃이 보인다.

제4부

정치政治시편, 두근두근 삼천리 금수강산

멸치
자벌레
수박론論
붉은 피
초읽기
전초전
윷판
우리 동네 국회의원
눈알만 굴리는 미어캣
나무야 나무야
하늘 보는 나무
혼자 크는 나무
날씨 예보
거머리
하늘 소리

멸치

한때는 떼 지어 바닷속을 누비던
때도 있었거니
초침처럼 조마조마하던
그런 날은 더욱더 많았거니
눈망울 아직도
바다에서 바닷속을 누비던
부릅뜬 모습이거니
찌든 소금기
그 간간함으로
마음 헹구고 있나니
절절 끓는
냄비 속 같은 황당한 오늘에
살아있거나
죽어있거나
바다로 향하는 그리움은
남아있거니
남아도나니

누구더냐, 독毒한 놈이라고
외면하던 그 치는.

자벌레

온몸 곤추세워
뻔한 세상 가늠해 본다
제 잘났다 뽐내는 그대들의 속셈을
더듬더듬 짚어가며
거꾸로 매달린 고치의 밀실
현란한 나비 의상도 꿈꾸어 보지만
느리고 끈끈한 걸음으로
끔찍하게 아름다운 세상임을 다시 확인한다
끝날이 금방 닥쳐온다 해도
조금도 흔들림 없이 아주 침착하게 매달려
어제만큼의 오늘을 조심스럽게 밟으며
남은 세상 한 뼘 한 뼘
조심스럽게 다시 재며 가는 자벌레는
소스라쳐 등 돌린 그대들을
절대로 두려워하지 않는다
두려워할 아무런 이유가 없다.

수박론論

  너의 탄력 있는 가슴팍 두드려도 보고 살살 더듬어도 본다만 느낄 수 없어 예리한 칼날 곧추세워 벌건 속살 도려내 치켜본다 어쩌랴 말라 쪼그라진 노란 꽃잎 속앓이에 타던 붉은 욕망 목 잠긴 그대들의 함성까지도 변덕스러운 장마통에 한물갔다만 구름 밀린 틈으로 불어오던 뜨거운 바람
  한때는 중한 씨불알 뎅컹뎅컹 잘라낸 씨 없는 수박도 인기 끌었지 수박씨 삼킨다고 목에 걸릴 리 있나 뱉는다고 욕하더냐? 흉잡더냐? 칼부림 난다 해도 역시 씨알은 있어야 해 살다 보면 절로 안다 아무아무개는 아무개 속살에 들어앉아 미끈미끈한 씨알 되는 꿈 꾼다지 힘깨나 쓴다는 그치들 깃발 아래 얼쩡거리는 너는 누구냐?
  부끄럽고 두렵던 초경 치른 어느 날 씨알이 여물기도 전에 쩍 빠개져 버리는구나 아삭아삭 생살 씹히는 아픔 눌러 참아야 해 빳빳하게 버티어야 한다 긴장 풀면 그땐 끝장이다.

붉은 피

 동환이는 학교가 파한 후 철교 밑에서 대거리를 붙자고 한다 따지고 보면 별것도 아닌데, 담임선생님이 내가 그림을 잘 그렸다고 칭찬해주신 것이 화근이 되었다 키는 내가 좀 크지만, 동환이는 우리 학교 최고의 쌈꾼이다
 먹는 게 변변찮은 나는 얼굴에 마른버짐이 피고 입치리 때문에 김치를 먹을 때는 입을 크게 벌려야 했다 동환이는 장조림 한 시키면 소고기를 약을 올리며 쬐꼼씩 찢어 먹는다 꾹꾹 눌린 쌀밥을 입에 잔뜩 넣고 여기저기 다니면서 반찬도 빼앗아 먹는 동환이가 미웠다 내 반찬을 한 번만이라도 먹어주면 그리 섭섭하지는 않았을 텐데, 내 앞에 와서는 코를 쥐고 달아난다 아래턱이 없는 사람처럼 책상 위로 구르는 보리밥 알갱이를 손으로 주워 먹으며 괜한 오기가 발동했다 그래서 오늘 맞댐을 피하지 않을 거다 얻어터질 게 뻔하지만, 그놈의 포동포동한 팔뚝이라도 물어뜯을 작정이다.
 금요일인데도, 내일이 대통령 선거 날이라서 서샘님도 할 일이 많으시다면서 일찍 종례하신다.
 자운영꽃이 흐드러지게 핀 철교 밑 모래밭에서 동환이와 나는 윗도리를 벗었다 동환이 쪽은 조무래기 한패가 호위하듯 둘러선다 나는 옷가지를 받아줄 친구 하나 없다 벗어 던진 윗도리가 모래밭에 맥없이 자빠져 있다.
 "쓰러진 놈을 치는 것은 사나이의 수치다 사나이는 쓰러져서도 안 된다, 알겠나?"
 짜리몽땅한 유 사범의 쉰 목소리가 귓전을 울린다

"네!"

나는 속으로 크게 대답하고 이를 악물었다

"덤벼, 짜식아!"

"이 촌놈 새끼가 정말 웃기네!"

한 발 앞으로 다가서는 찰나, 동환이의 돌려차기가 내 명치를 정통으로 걷어찼다 갑자기 하늘이 하얗고 땅이 노랗게 올라오는 듯하다

"일어나, 샤까!"

동환이가 씩씩거리며 주먹을 불끈 쥐고 있다 간신히 비척거리며 일어서는데, 그 주먹에 재차 맞아 콧등이 달아나는 듯하다 피다, 피가 흐른다 붉은 코피가 입속으로 들어온다 모래밭에 뚝뚝 떨어지는 피를 본 순간, 손바닥을 코에 대고 코를 풀어 달려드는 동환이의 뺨을 냅다 갈겼다 이겼다고 방심한 동환이는 얼떨결에 맞은 뺨을 만지며 엉엉 운다 졸개들이 내게로 모여들어 승리를 인정해 주었다 그날 밤, 얼마큼 보리밥을 퍼먹어야 그만치 피가 만들어질까 분하고 원통해서 잠도 오지 않았다.

초읽기

아무래도 형세가 요상하게 변했다 좌하귀와 좌상귀에 약 20여 집의 실리는 챙겼으나 장고의 보람도 없이 근근이 살아남은 형색이다 중앙의 백 한 점은 비록 힘이 빠진 모습을 하고 있지만 일단 숨을 가다듬고 반격을 개시한다면 거대한 진용을 갖출 공산이 크다 현재까지의 흐름으로 보아 승부는 예측불허 흑이 승리를 장담하고 있으나 아직은 때가 이르다 맥이 뚫려 흐름이 바뀌면 역전의 기회도 생기게 마련이다 방심은 곧 실패이니 한 점이라도 찬스가 생기면 단수쳐서 옥죄고 귀를 살리는 길이 유일한 전술이다 상식이 곧 최상의 무기이니 무모한 승부수는 대세의 흐름에 자취도 남기지 못할 뿐이라

"이번에 출마한 허경젭니다. 잘 부탁드립니다."

등 뒤에서 점잖게 허리를 굽히는 신사가 있었으나, 판 맛에 푹 빠진 노인들의 눈알은 여전히 반상에 박혀 옴짝달싹하지 않는다.

"푼수데기처럼 왜 거기다 둬."

"이 사람 완존 해까닥 했나 벼."

참다못한 장 노인이 일갈하며 조지고 있다.

전초전

어쩐지 이상했다 상식 씨는 웬만한 사람에게는 아는 체도 않는 성미인데 양 씨 딸 피로연에서 연신 굽적거리며 엉너리치고 다닌다. 구십 도로 허리를 굽히고 억지웃음 흘리며 눈도장을 찍고, 이번에 의회에 들어가기만 하면 이런저런 일들을 하겠노라며 벌써 몇 가지 공약도 척척 내놓으며 입찬소리를 해댄다.

코 아래 진상이 제일이라는데, 이렇게 잔칫집만 찾아다녀도 득표는 절로 되는 거라며 돈 안 쓰는 깨끗한 선거를 실천하겠노라며 콩팔칠팔 지껄인다.

마을 사람들 정말 인재 났다며 술 한 잔씩 권하는데, 목덜미가 벌겋게 달아오른 상식 씨는 게걸스럽게 잘도 받아마시고, 일송정 푸른 솔을 목청 좋게 뽑는다. 땟물 좋고 넉살 좋고 귀태가 나는 납대대한 얼굴이 사람들로 하여금 혹하게 만든다. 그런 사람이 전에는 왜, 두길보기 하고 다녔는지 알다가도 모를 일이다.

술에 취한 상식 씨와 어깨동무하고 갈지자로 걷는데, 촐랑개 한 마리가 꼬리를 사리고 쏜살같이 앞서가더니, 전봇대 앞에서 별안간 뒷발을 번쩍 들더니 질금질금 오줌 몇 방울 지리고 껑껑거리며 앞서간다. 우리도 바지 지퍼를 어기적거리며 내렸다. 몸뚱이를 매슥거리며 어깨도 털었다 선거가 바투 다가섰다.

윷판

동네 노인들이 한둘씩 어슬렁거리며 모여든다 허물어진 담벼락에 나란히 서서 멀거니 볕바라기하고 있다 곰이라 불리는 허우대가 훤칠한 최 씨가 병맥주 두 병을 들고 온다
"춘디, 무신 맥주여?"
두꺼비 박 씨가 얼른 받으며 반색한다
"한데서 춥잖여."
지난밤에는 흰 눈이 온 동네를 덮어버렸다 오후부터는 햇볕이 부드러워지더니 지금은 포근하다 시나브로 녹아 흐르는 눈더미를 철둑 너머 김 씨가 널로 밀어내다가 부러뜨렸다 떡 본 김에 제사 지낸다고 널 조각에 말판을 그리더니 판윷이나 하자고 제의한다 골방지기 노인들에게는 윷놀이는 흥겨운 소일거리이다 낡삭은 가마니에 흠뻑 물을 축이고 자근자근 밟는다
윷짝 하나씩 던져 편 가르고 나머지 노인들은 뒷짐 지고 둘러선다 서로 데면데면하던 철둑 너머 김 씨와 충남상회 기 씨가 오늘은 한편이 된다 화성목재 조 씨와 이 씨는 보란 듯이 또 궁합을 맞춘다 증권에 손 댔다가 거반 떨거둥이가 되어 아파트 경비로 나가는 박 씨가 말판을 쓰기로 하고, 스물아홉 계단을 숨차게 오르기 시작한다 철둑 너머 김 씨가 먼저 도를 친다
"첫 도는 유복이여."
두꺼비 박 씨가 위로하며 거든다
"이런, 빌어먹을, 개가 뭐여."
김 씨가 엎어진 윷가락을 원망스레 쳐다보며 혀를 찬다

이태 전에 뉴월드 뷔페에서 칠순 잔치를 성대히 치른 충남상회 김 씨가 윷가락을 올린다 늙마에 신수가 훤한 그는 아무래도 괜찮다며 부담 두지 않는다 그도 역시 도를 친다 그는
　자못 여유까지 부리며 단장으로 말판을 살살 두드린다
　"요즘은 업는 게 유행이잖어. 차라리 잘된 거여."
　"두고 봐, 괜한 똥배짱 부리다가 큰코다쳐."
　화성목재 조 씨가 그 큼직한 손으로 윷가락을 간추리고 고래고래 소리치며 보란 듯이 올린다 하늘로 휘리릭 치솟은 한 가락과 잔뜩 몸을 사리고 낮게 엎드린 세 가락 윷짝에 수십 개의 눈알이 왕창 빠져 뒹굴고 있다
　"탁!"
　"사리다, 싸리!"
　어절씨구 절름절름 어깨춤을 추며 조 씨는 말판 주위를 한 바퀴 돌았다 발판을 쓰던 박 씨는 조짐이 이상했다며 혀를 끌끌 찬다
　"에이, 단백사위 촉 간네."
　석 죽은 표정으로 입맛을 다시는 철둑 너머 김 씨는 누구든지 한마디만 내뱉으면 드잡이 놓을 태세이다
　"업지 말랑깨 이퉁부리더니 꼴 좋다."
　말판을 쓰던 박 씨가 나직이 혼잣말로 씨부렁댄다.

우리 동네 국회의원

그 잘생긴 얼굴
근엄한 표정으로 언제나
뜨뜻한 자리
아랫목을 차지하던
우리 동네 국회의원

밥풀 으깨 벽 가운데에
정중하게 모시던
우리 동네 국회의원
집집이 한 장씩은
필수로 있던 달력
깨알 같은 활자로
음력은 물론 24절기까지
꼼꼼히 박힌
농자천하지대본農者天下之大本

예전에는 언제나
아버지와 함께
상석을 차지했던
그 잘난
우리 동네 국회의원
요즘에는 통 볼일이 없네.

눈알만 굴리는 미어캣

인간 바리케이드가 된 전경들은
미어캣처럼 온몸을 발딱 세워서
전후좌우
동서남북
위와 아래
천지사방
조심조심 살피며 눈알만 굴리고 있다
거세진 돌풍
아니 태풍이다
토네이도다
회오리다
언뜻 용오름도 보인다
지축까지 두근두근 흔들거리는
삼천리 금수강산

 조국 통일의 일념으로 끼어들었던 이 짓거리가 다음 세대까지도 위대한 유산으로 대물림되어서 쉬 끝나지 않을 조심이다 주말마다 떼 지어서 모인 사람들은 과거를 오늘 앞으로 불러 세워 무릎 꿇리고 둘러치고 메치며 속엣것 다 쏟아내며 야단법석이다 그들의 몸에 붙은 지저분한 때는 모두 발뒤꿈치로 모일 것 같다
 이번에는 대법원과 광화문으로 편을 나눠 대치 중이다 그런데, 정작 앞으로 나서야 할 여의도 1번지 허깨비들은 질질 흐르는 개기름 티슈

로 닦아내며 내 일이 아닌 남의 일인 양 흥미롭게 관전 중이다 빌어먹게 팔자 늘어진 포도청 나리들은 이미 이런 일에는 이골이 났다 그러거나 말거나 천하태평으로 큼직한 종이컵에 아메리카노 커피를 홀짝거리며 마신다

우리글에 내일이란 우리말이 없다는 듯이 내 일처럼 여기지 않고 몸을 사려 안으로 들어가 숨거나 침묵하며 죄 없는 술만 퍼 대는 고관대작들이 너무 많아진 탓이다

전광판 한 줄 뉴스에 또렷하게 뜨는 '조국', '내가 조국'이라고 모두 외치고 있다 그 조국이 이 조국인지 저 조국인지 눈이 느려 앞뒤 문장은 미처 읽기도 전에 넘어가 보지 못했다

나무야 나무야

들뜬 지층 허방 딛고
목덜미를 내밀면서
앞다투어 키 재기 하는
마디 풀린 여린 들풀
걸쭉한 입담에 홀려
우듬지만 웃자라고

덧난 상처 들먹이면
후끈후끈 다는 기억
때가 되면 꽃 피고 져
실한 씨방 여물 텐데
그대들 날밤을 꼬박
칼을 갈아 어찌하려고

말도 안 되는 말
세 치 혀는 거침없고
인상 쓰고 달려들며
잡으려는 꼬투리들
덮어도 될 만한 허물
이젠 그만 묻어 두세.

하늘 보는 나무

　나무는 서서 크는 것이 당연하지 허연 실뿌리를 땅속 깊숙이 내리고 물관부와 체관부로 흐르는 맑은 수액 마시며 체통도 지켜가면서 사방팔방으로 뻗어 내린 잔가지에 매달린 잎사귀로 뜨건 햇살 끌어당겨 광합성을 해 가면서 불고 가는 바람엔 절대로 몸뚱이가 통째로 흔들거려선 안 되지 혹시라도 둥치와 뿌리가 잘려 쓰러지는 날이 온다 해도 근성으로 새순을 틔워야 해 밑에 깔린 도루코 면도날 같은 풀잎들이 달려들어 등줄기를 쑤셔댈 거야 몇 평 안 되는 비좁은 우리들의 땅에 독버섯이 불쑥불쑥 돋아나고 벌레집이 푸석푸석 슬지라도 껍질 벗겨지는 당혹함 가슴으로 달려드는 톱날의 섬뜩함에도 결코 움츠려서는 안 되지 걸어 다니는 나무가 되어서라도 설 자리를 찾아야 해 으슥한 그늘에 꼭꼭 숨어서는 정말 안 되는 거야 당당하게 하늘 보는 나무 되어 자라야지 절대로 두려워하지 마.

혼자 크는 나무

나무 한 그루
혼자 서 있구나
나무는 나무끼리
서로 손짓하기도 하고
흘긋흘긋 곁눈질하면서
모르는 새 크는 것인데
애처로워라
홀로서기

그 언제더냐
뿌리까지 동여맨 채
옮겨지던 화창한 봄날
먼 데서 왔으니
멀미 났겠지
그래, 깜빡했을 거야

아주 귀한 분인데
눈이 먼 탐욕 탓에
꽁꽁 묶여 가는구나
그래, 맞아
잠시 정신 나가 안 보였을 거야.

날씨 예보

비가 오긴 오려는지 까만 개미 떼들이 죽은 매미 한 마리를 물고 열심히 걸음을 재촉하네요 편안하게 앉은자리에서 배부르게 갉아먹고 집에 들어가도 될 텐데, 악착같이 물고 가는 이유를 알다가도 모르겠어요. 그런데, 저 커다란 매미가 들어갈 만큼 큰 개미굴을 보신 분 혹시 있나요?

사람마다 사연 없는 이 있나요. 누구나 옛날얘기 풀어 놓으면 장편소설 두 권씩은 다 나오잖아요. 좁은 가슴에도 우주만 한 크기의 사연 하나쯤은 다들 담고 사니까요. 속내를 결코 가볍게 드러낼 수 없는 세상이니 날씨 예보처럼 믿기지도 않겠지만요.

태풍이 오고 있다고, 늘씬한 몸매의 기상캐스터가 내일의 날씨를 예쁘게 예보하지만, 설마 하며 의심부터 먼저가 선뜻 믿기지는 않네요, 벌써 수십 차례 황당과 당황 사이로 예측은 두루뭉수리 빠져나갔잖아요. 오늘의 날씨야 내일 가봐야 확실한 거니까요.

미안해요. 어여쁜 기상캐스터를 결코 얕잡아 보는 건 아니에요. 말하자면 그렇다는 얘기니까 오해하지 말고 이해해줘요.

거머리

 마냥모를 심는 날인데도 논물은 아직 차갑다 마음마저 싸늘한 게 복사뼈도 시큰거렸다 흐느적거리며 헤엄치던 거머리가 할아버지 마른 장딴지에 노박이로 달라붙어 피를 빨고 있다 수꿀하다 모춤을 나르는 나는 거머리를 피하려고 허깨비걸음으로 겅둥거렸다
 할아버지는 미추룸히 잘 자란 모만 골라 바지게로 부렸다 저수지 물 혜택을 받지 못하는 우리 논은 하늘지기라서 한때는 못을 파고 용두레로 퍼 올리기도 했지만, 세월이 지나면서 못도 바닥이 나서 아예 완벽히 메꿔 버렸다 아버지는 맞은바래기에 가전 공장이 들어서는 바람에 물이 딸리게 됐다지만, 여기서 그곳까지는 한 마장이 넘는 거리인데 구차한 핑계로 들렸다
 어머니는 못이 있던 자리 몽우리돌 밑에 새참을 늘어놓았다 할아버지 종아리에서는 연신 붉은 피가 흘러내린다 아버지는 거머리에 물린 손샅에 조선간장을 찍어 바르고 막걸리 한 대접을 따라 권했다 논물 같은 막걸리를 쭉 들이켜는 할아버지가 늠름한 장수처럼 보였다.

하늘 소리

사주팔자 짚는대서 허튼소리로 하는 말이 아니야
함부로 천기누설 못 한다는 것쯤은 삼척동자라도 다 아는 일이잖아
괜히 욕본 사람 한둘도 아니고, 자네한테만 슬쩍 얘기해 주는 거여
누구나 다 자신은 불쌍하다고 생각되는 것이지
아직 때가 못 미친 것이니 낙심하지 마
딴전 피우지 말고 진득하게 낚시하듯 세월이나 낚아
쥐뿔도 모르면서 말만 많은 것들이 날뛰는 세상이여
입은 모든 복락이 드나드는 곳이니
입맛이 당기면 무엇이든 가릴 것 없이 삼켜 봐
잘 먹으면 똥이라도 굵어질 것 아니겠어
무슨 억하심정이냐 그러하겠지만, 천복 중에 식복은 으뜸인 거여
귀신 중에 제일 불쌍한 놈이 빌어먹는 걸신이여
그런고로 먹으려고 살건 살려고 먹건 그게 무슨 체면 문제겠어
요즘 당최 되는 일이 없고 자꾸 일은 틀어지잖아
알력이야 사람끼리 살다 보면 절로 생기는 즐거운 비명이지
오지랖 넓혀서 좋은 것도 없는 세상이란 말이지
허벌나게 싸다닌다고 안 되는 게 술술 풀릴 것 같아
사람마다 천운이란 게 있어
내 말 허투루 듣지 말고 잘 새겨들어
이통 부리다가 큰코다치고 나중에 원망하지 마
생각은 깊어지면 이문이지만
몸뚱이는 함부로 잘못 굴리다 보면 어디쯤 요절나기 다반사여

답답하고 속 타는 심정 왜 모르겠어
처방이 따로 있을 수도 없잖아
아직은 때가 아녀
괜히 젖비린내도 안 가신 녀석들이 나서도 참아
중뿔나게 덩달아 드잡이하면 누굴 욕가마리라고 하겠어
복채나 챙겨 먹고 사는 꼴에 별의별 흰소리 친다고 생각하지 마
이때껏 가욋돈 한번 달란 적이 없는 나여
때맞춰 오긴 잘 왔어
액막이하는 방편이 왜 없겠어
내 말 어깃장 놓고 낭패 본 사람 많어
사설 길어봤자 정신만 사납지 뭐
톡 까놓고 말 한마디로 사람이 죽기도 살기도 하는 거여
자네 같은 숙맥들이 부지기수로 널려 있는 태평성대잖아
그래도 앞뒤 콱콱 막힌 족속들보단 자넨 씨알이 먹히니까 다행이여
자넨 알 만큼 배웠잖아
꼴같잖은 화려했던 추억일랑 빨리 떼버려
꽃피던 봄날이야 누군들 그립지 않겠어
지금은 아쉬워도 훌훌 벗어 던지고 단단히 아퀴를 짓는 게 중요해
본디 놓친 고기는 커 뵌다고 하잖아
물이 깊어지면 그놈들도 되돌아오게 마련인 거여
자리 틀고 느긋하게 기다려 봐
오히려 잘된 거여

복불복이잖아
걱정 놔
이 기회에 차라리 살림망 뒤집어엎고 다시 시작하는 거여
단도직입으로 말해서 늦복은 엄청나게 쌓여 있구먼
눈곱만큼만 엎혀 줘도 육갑까지 틀 묘수가 있는 나여
억지다짐 놓는 것이 절대 아녀
내키지 않으면 관둬
세상 사는 이치가 음덕을 베푼 만큼 재산도 쌓이는 거여
재물이야 하늘만이 베풀 수 있는 사람의 일은 아니니까
거북하다면 내 말 무시해도 괜찮아
그깟 땡전 몇 푼 챙기자고 입에 발린 소리는 못 해
다 하늘 소리라서 저절로 나오는 소리란 말이여…….

젠장, 또 허탕일세!
햇빛 나 참 좋다 했더니만, 찌긴 왜 이리 쪄.

산문 | 나의 시와 삶

우리들의 라온하제*를 위하여!

경암 이원규

평범한 농부인 아버지와 어머니 슬하 3남 1녀 중 장남으로 태어난 나는 고등학교 2학년 봄, 가정 형편이 갑자기 어렵게 되었다. 대학 진학은 아예 엄두도 못 낼 상황이 되었다. 그 엄청난 체구의 아버지께서 중풍으로 쓰러져 치료를 위해 침을 맞아야 했고, 약값 또한 만만치 않았다. 어머니의 품팔이 수입으로는 생계조차 유지하기 힘들었다. 요즘처럼 아르바이트가 흔하던 시절도 아니었다. 내가 간신히 구한 부업은 새벽마다 자전거를 타고 신문과 두부를 배달하는 일이었다. 3학년이 되었다. 이미 대학 진학은 포기했고 정규수업이 끝나면 곧바로 도서관으로 가 밤 9시까지 책을 읽는 것을 유일한 낙으로 삼았다. 3학년인데 일찍 집에 가는 것도 남 보기에 이상할 테고, 다른 친구들이 수업을 마칠 때까지는 도서관에서 시간을 보내다가 통학 기차를 탔다. 그런 개인적 사정이었는데, 그해 9월, 독서주간에는 교장 선생님으로부터 친

---
* 라온하제 : '즐거운 내일'을 뜻하는 순 우리말.

필의 '다독자 상'을 받았고, 국어과 선생님의 권유로 학교신문 편집을 맡았다. 창간호 1면 좌측에는 교장 선생님의 창간사, 우측 반쪽은 권두시로 내가 쓴 「기차」라는 치기 어린 장시를 상하로 꽉 차게 실었다. (지금 생각해도 상당히 시건방졌다. 국어 선생님들도 많이 계셨는데….)

긴 밤을 지나온 / 기차의 목쉰 기적소리에 / 녹빛 바람이 인다 // 오늘도 기차는 달린다 / 꿈틀거리는 생을 이끌고 / 용솟음치는 의욕의 외침으로 / 억센 계절의 시련 앞에서도 / 결코 굽히지 않는 / 꿋꿋한 자세로 / 슬픈 노래 바람에 날리면서 // 긴 밤 / 나의 노래는 / 약한 바람에도 우는 / 작은 잎새 / 그 잎새에 / 녹빛 바람이 불어와 / 참 생을 알게 하다 // 우수로 얼룩진 나의 얼굴 / 미소로써 씻어주시던 내 어머니 / 뭇 설움 맴도는 계절과 계절에서 / 연륜처럼 쌓인 / 어머니의 시름이여 / 계절의 흐름 속에서 / 깊은 강 이루어 흐르거라 // 긴 밤 / 흐느끼던 잎새 / 뒤로 뒤로 밀려 울던 / 슬픈 이야기는 // 아예, 강물처럼 흘리고 / 태양을 안은 마음으로 / 앞으로 앞으로만 달려가 / 먼 훗날 / -내 좁은 가슴 속에도 / 결코 약하지 않은 태양이 / 안으로 타 흐르고 있었노라 / 외쳐 주리니.
　　―「소사벌」 창간호, 1973년, 평택고등학교 3학년

고등학교 졸업 전인 1월, 수원병무청으로 찾아가 공군에 지원 입대를 신청, 그해 7월 1일 공군에 입대, 대전에서 6개월간의 신병훈련과 통신교육을 마친 후 만36개월(1,095일)간을 수원비행장에서 근무했다. 입대하기 전, 그러니까 고등학교 졸업 후 약 2개월 정도의 농한기를 이용하여 (닷 마지기 논밖에 남지 않았지만, 농번기에는 농사일을 해야 했음.) 자전거를 타고 정처 없이 전국으로 무전여행을 떠돌아다녔다. 이미 친구들은 대학으로 진학했거나 취업해서 직장에 다니던 그런 때였다. 외롭고 쓸쓸하고 이 세상천지에 나 혼자만 덩그러니 버려진 느낌이었다. 그때부터 시심詩心의 싹은 미약하지만 하나둘 트기 시작했다. 별것도 아니지만, 우리 동네와는 사뭇 다른 낯선 풍경들과 미처 느끼지 못했던 사람들의 사는 모습까지 종이쪽지에 빼곡하게 기록했다가 밤마다 일기장에 옮겼다. (그 일기장은 아직도 재산목록 1호로 보관 중이다.)

또래들보다는 3년이나 빨리 입대했기에 선배들과 군대 생활을 하게 되었다. 함께 있는 그들이 대부분 대학교 2~3학년쯤 다니다가 왔기에 학문적인 지식과 사회적인 경륜이 나보다는 상당히 앞서 있었다. 상황이 이렇다 보니 처음에는 내무반에서 그들과 자연스럽게 어울리기가 쉽지가 않았다. 그들은 여유 있게 술을 마시고 담배까지 피웠지만, 나는 그때까지 그런 것을 입에 대지 못하던 때였다. 그래서 내무반 침상 구석에서 쪼그리고 앉아 『소월 시집』부터 시작하여 책을 읽는 것으로 소일했다. 마음에 닿는 구절이 있는 시는 세필(아주 작은 붓)로 필사(베껴 내기)하고 암기했다. 하루에 한두 편씩이지만, 그 작업은 제대할 때까지 계속되었다. 가끔 제대를 앞둔 선임자의 비망록을 만들어주면 용돈까지 두둑하게 생기기도 했다. 대부분 부유층이라 그런지 글은 안 써도 돈은 잘들 썼다. 서재를 정리하다 보니 그 당시 필사해 묶었던 시집 중 두 권이 누렇게 변색했지만 잘 보관되어 있다.

'시란 무엇인가?' 라는 정의는 말하는 사람마다 서로 달라 수백 가지도 넘는다. 필자가 모교인 방송대 경기지역대학에서 후배들을 상대로 시 창작 과정 첫 강의할 때 칠판에 썼던 '시의 경제학'을 다시 옮긴다. 이것은 시뿐만 아니라 수필, 소설 등 문학의 모든 장르에도 적용될 수 있다.

"완결된 작가의 작품은 최소의 단어로, 최대의 효과를 낸 탄탄한 문장이다."

사람들은 '문학'이 좋고 매력도 느끼는데 글재주가 없어 못 쓰겠다고 말한다. 웬만큼 써본 사람들도 '쓰긴 썼는데 영 션찮다'면서 보여주지 않는다. 물론 글재주는 백일장, 공모전 등에 도전할 때는 필수요건이다. 심사위원의 취향에 맞춘 작품이 당선될 확률도 그만큼 높은 것은 당연하다. 그러나 글을 반드시 상을 타려고 쓰지만은 않는다. 아이들 숙제도 봐줘야 하고, 살다 보면 다른 사람의 '부탁 글'을 써 줘야 할 때가 있다. 따라서 상식적인 작문 능력은 미리미리 연습해 둔다면 살아가면서 체면 유지하는 데 상당히 도움이 된다.

돌이켜보면 쓰기, 듣기, 말하기인 '국어' 교과목을 꽤 오래 공부했다. 초등학교 6년, 중·고등학교 6년 그리고 대학까지 합친다면 16년 이상씩은 꾸준하게 공부한 우리들이다. 그런데 왜 글을 쓰려면 안 될까? 도대체 글을 잘 쓰는 비법이 있긴 한가? 답은 분명히 '있다'에 확신에 찬 방점을 쿡쿡 눌러 찍겠다. 서점과 도서관 등에 빼곡하게 쌓여 있는 수많은 책, 거기에 최상의 비법들이 고스란히 담겨있다. 책을 가까이하는 것보다 큰 스승은 없다. 진부한 옛 말씀이지만 '책 속에 길이 있고, 책은 영원한 스승'이라는 말은 변할 수 없는 진리이다.

우리가 수필, 소설 등 산문을 쓸 때는 조목조목 연 구분도 잘하고 말이 바뀔 때마다 행 갈이도 척척 잘한다. 그런데 시로 쓰라면 기분 내키는 대로 아무 데서나 행과 연을 바꾼다. 더러 예외가 있긴 하겠지만, 그렇게 하는 것이 시를 멋지게 쓰는 것으로 생각한다면 정말 큰 오산이다.

시에서 연을 구분하고 행을 바꾸는 이유는 독자(손님)들을 헷갈리지 않게 하기 위함이다. 내 집을 방문한 사람들이 불편하지 않게 하는 것과 같다. 아무리 집이 허술해도 지붕도 없고 바람막이도 안 된 바깥에다 손님을 재울 수는 없다. 화장실이 아닌 안방에다 용변을 보게 해서도 안 될 일이다. 물론 짐승들이라면 그렇게 해도 아무런 흉허물이 되지 않는다.

대부분 완결된 시 작품은 우리가 사는 집의 형태와 똑 닮았다. 연聯은 안방, 건넛방, 공부방, 거실, 화장실 등과 같은 방房이라고 이해하자. 1칸 방은 원룸, 2칸 방은 투룸, 3칸 이상은 단독주택 혹은 아파트라고 생각하자. 내 시를 몇 칸짜리 방으로 만들 것인가 라는 설계도에 따라 시가 길어지기도 하고 짧아질 수도 있다.

행行은 방과 방을 구분하는 언어言語로 쌓은 벽壁이다. 벽 근처에는 취향에 따라 장롱, 침대, 책상, 오디오, 액자, 화분 등도 놓인다. 예쁜 집으로 꾸미기 위한 인테리어 방식에 따라서 간결하게 혹은 오밀조밀하게 꾸밀 수도 있다. 그런 역할을 하는 단위가 행이고, 행을 여럿 묶으면 하나의 연이 된다.

집이 몇 평이냐, 방은 몇 칸이냐 하는 것은 그 집에 사는 사람(작가)의 상상력에 따라 달라진다. 세상을 향해 할 말이 많다면 집이 커야 할 것이고, 신혼 재미에 오붓하게 단둘만 살 집이라면 커도 불편할 것이다. 좁아도 행복한 정을 서로 나누기에 부족함이 없다면 그야말로 좋은 집이다. 그러한 짧은 문학적 글은 우리나라에는 3장 6구 45자 내외의 시조時調가 있고, 일본은 더 짧은 17자字 정형시 하이쿠가 있으며, 서양은 14행시 소네트sonnet가 있다. 이들은 오랫동안 명맥을 이어오면서 오늘날까지도 사랑을 받으며 그 감동을 널리 전파하고 있다.

① 저녁 하늘을 보면서 잡았던 시상

하늘 끝으로 넘어가던 햇덩이를

벌컥벌컥 마시고 강물 속에 쏟아놓은 자국
―「황혼」 전문

몇 차례의 퇴고를 거친 후 아래와 같이 완결했다.

벌건 대낮부터
그렇게
퍼마시더니
내 그럴 줄 알았다.*
―「까치놀」 전문

위와 같이 이미지를 한 단계 내 앞으로 바짝 끌어당겨 조이니 쉽고 깔끔하게 마무리되었다. 퇴고 과정에서 제목도 순우리말로 바꾸었다. 모든 작품에서 제목은 아주 큰 몫을 차지한다. 제목만 잘 붙여도 시가 좋아 보인다.

② 치질 수술 후 메모했던 시상

누군가 말했다. 지구가 둥글다는 사실을 다시 증명해야겠어. 지구가 둥글거나 네모지거나 세모라 한들 무슨 대수냐는 사람들 때문에라도 꼭 확인해야겠

---

* 영국의 극작가 겸 소설가, 비평가인 조지 버나드 쇼의 묘비명 〈우물쭈물하다가 내 이럴 줄 알았다〉에서 차용함.

어. 지금껏 그럭저럭 잘 살아왔는데 쓸개 빠진 놈이라고 생각하는 사람들, 꼭 눈으로 봐야만 직성이 풀리는 사람들의 코가 납작해지도록 내가 나서서 확실하게 제거하겠다는 사명감이 울컥울컥 솟아나네. 우리 인간들에게도 꼬리가 있었다는 사실에 이의를 제기할 사람은 없을 거야. 지금은 감자껍질처럼 아릿한 흔적만 남은 우리들의 꼬리뼈 같은 아득한 시절, 너무나 쉽게 잊고 사는 요즘에 한 번쯤 돌이켜 생각해볼 문제잖아. 생각하면 우리가 이렇듯 당당하게 두 발로 일어서서 있을 날이 얼마나 된다고 벌써 손바닥을 비벼대는지 꼬리가 퇴화한 사유부터 우선 조사해봐야겠어.

―「치질」전문

산문 형태의 초고를 제목까지 바꾸며 다음과 같이 과감하게 퇴고했다.

    나는 꼬리가 있다, 라고 쓴 다음
    감자 껍질처럼 아린 꼬리뼈의 흔적, 이라고 덧붙이고
    괄호를 닫는 순간
    꼬리뼈 밑동으로 맑게
    흘러내리는 핏줄기 보았네.
    물론 사람도 짐승이라는 데는 틀림없지만
    짐승, 에 힘을 주니
    갑자기 컹컹 짖고 싶어지네.
    애초에 꼬리가 있었다는 생각
    그것이 문제가 될 줄이야!

    한때는 지구가 둥글다는 것에 대해서나

사람이 거꾸로 설 수 있다는 것을
누구도 믿지 않았지.
꼬리를 감추고 살아도
별 탈 없고
나야 바르게 사는데
별별 짓이라며 핀잔먹기에 십상이지.

그러나 꼬리는
분명 있어야 해.
가령, 꼬리가 있다면
더 높은 곳을 향하여 날아갈 수 있고
더 깊은 곳으로
입 다물고 헤엄쳐 갈 수도 있잖아.

이제는 퇴화한 나의 꼬리뼈
그 밑동으로
자꾸 비집고 나오려는 아픈 기억
오디처럼 검붉게 익어
비틀거릴 때마다 핏물 보이네.
―「꼬리뼈」전문

위 시 초안 ②에 나오는 '쓸개 빠진 놈', '확실하게 제거', '사명감이 울 컥울컥', '이의를 제기할' 등의 관념적 표현과 '증명, 확인, 흔적, 사유, 조사' 등의 추상적 단어는 퇴고 과정에서 다른 시어들로 바꾸었다. 또한 산문 형태를 연 구분과 행 갈이를 해서 운율을 살리니 답답하지 않고 생동감 있게 이야기가 전개되었다. 제목도 혐오감이 드는 '치질'에서 '꼬리뼈'로 바꾸었다.

　내가 쓴 글에 대한 역이지언逆耳之言, 귀에 거슬리는 말을 절대로 두려워하지 말 일이다. 신랄한 비판이나 충고를 스승의 말씀처럼 잘 받아들여 고치면서 살아간다면 만병통치약처럼 효험이 있다. 듣기에 좋은 사탕발림 칭찬은 듣는 그 순간만 달콤하고 기분 좋은 실속 없는 헛말이다.
　그러한 맥락에서 지금까지 가장 기억에 남고 내 시 쓰기에서 피와 살이 되었던 문학 모임은 90년대 초반의 '젊은시' 동인 시절이었다. 그때의 혹독한 합평회. 몇 날 며칠 밤새워 쓴 작품들이 또래의 동인들에 의해 무자비하게 난도질당했다. 그래도 합평회가 끝나면 가커니 부커니 하던 핀잔도 언제 그랬느냐는 듯이 권커니 잣커니 잔을 돌리며 술을 마시면서 서로 위로했던 몸과 마음이 한창 젊었던 시절이었다. 지금은 다들 나이가 들면서 먹고사는 일들로 뿔뿔이 흩어졌지만, 그 '젊은시' 동인 시절의 추억이 지금도 새록새록 떠오른다.
　문학의 길을 걸어온 지 어언 30년이 지났건만 지금도 '무엇을 어떻게 쓸 것인가?' 하는 문제로 고민한다. 어떤 사람들은 이제는 시로 쓸 소재가 동이 났다고 푸념이다. 이미 선배들이 다 써먹었다며 괜한 투정이다. 나 혼자만 아는 대단한 보물인 줄 알았는데, 이미 누군가가 벌써 그 소재로 쌈박하게 작품을 만들었다고 호들갑까지 떨면서…. 그러나 눈을 크게 뜨면 글로 쓸 소재는 주변에 무수히 널려있다. 그 소재들을 다른 모습으로 생명을 불어넣어 재탄생시키는 인고의 작업이 창작이다. 같은 소재일지라도 다루는 사람에 따라 작품으로 완성되면 전혀 다른 상상력으로 확장되기도 한다. 하찮은 사물이라도 오랫동안 관심을 갖고 바라보고 그것과 소통하며 숨겨진 깊이를 가늠해 보아야 한다. 소재를 꼼꼼하게 관찰하고 그것에 대한 생각도 여러 각도에서 깊게 파고든 작품이라야 독자들이 만족한다.

요즘에는 글쓰기를 컴퓨터로 하는 편한 세상이다. 그렇게 수월해진 만큼 작품에 쏟는 정성과 여유는 상대적으로 줄어들었다. 세상도 급속도로 변해, 옛것을 익혀 새것을 배운다던 온고이지신溫故而知新은 써먹을 새도 없다. 한발 앞서가는 정보들을 따라가기에도 벅차다. 스스로 내공을 다질 일이다. 특히 옛것도 소중하게 아끼고 받드는 마음가짐이 무엇보다도 중요하다. 필기구가 펜에서 자판으로 바뀌었을 뿐, 시 쓰기의 과정은 예나 지금이나 조금도 달라진 게 없다.

소재의 발견→시상의 구상→집필→퇴고推敲

특히, 글쓰기에서 무엇보다도 중요한 과정이 백번을 강조해도 지나치지 않을 퇴고推敲이다. 첨가하고, 삭제하고 재구성하는 그 퇴고의 3원칙을 반복하면 문장은 점점 세련되고 빛나게 된다.

소재는 주제를 위한 화장품이며 밑반찬 정도이다. 비싼 화장품을 바르지 않았지만, 마음이 아름다우면 입술에 립스틱만 살짝 칠해도 상대방에게 산뜻한 인상을 주기도 한다. 궁핍하게 살다 보면 귀한 손님에게 간장 한 종지에 파래김을 구워 한 끼 밥을 대접해야 할 때도 있다. 어차피 글은 남들에게 보여주려는 것이고, 밥상도 누군가와 맛있게 먹기 위해 정성껏 차린다. 비싼 소고기 장조림이 아니더라도 김치 한 접시라도 괜찮다. 손님을 잘 대접하려는 마음가짐으로 지극한 정성을 쏟아 글을 쓴다면 누구나 참 재미있게 잘 읽었다며 감화 감동하게 된다.

지금까지 30여 년 넘도록 글을 써왔지만, 글쓰기의 주제는 '사랑, 이별, 만남'뿐이다. 이 주제 이외는 아직 보지도 쓰지도 못했다. 매일 사랑하고, 이별하지만, 너와 나의 온전한 만남은 아직도 이뤄지지 않았다. 이 문학이란 불치병에 걸린 이후로 가족들에게 소홀했던 적이 있었음을 뒤늦게나마 깊이 반성한다. 지금도 아내한테 자주 듣는 잔소리처럼 '쓸데없는 일'에만 진을 다 빼고 있으니, 내가 나를 봐도 참으로 한심할 따름이다.

노란 뿔이 난 물고기

이원규 시집

초판 1쇄 발행 2021년 12월 20일

지은이	이원규
펴낸이	김태형
펴낸곳	청색종이
등록	2015년 4월 23일 제374-2015-000043호
주소	서울시 영등포구 문래동2가 14-15
전화	010-4327-3810
팩스	02-6280-5813
이메일	bluepaperk@gmail.com

ⓒ 이원규, 2021

ISBN 979-11-89176-72-3 03810

이 도서는 경기도, 경기문화재단의 '2021 경기도 문학분야 원로예술인 창작활동 지원사업' 지원을 받아 제작되었습니다. 저작권법에 따라 보호받는 저작물이므로 저작권자와 출판사의 허락 없이 복제하거나 다른 용도로 사용할 수 없습니다.

값 10,000원